ALPHABET

CHRÉTIEN

ou

RÈGLEMENT

POUR LES ENFANTS

QUI FRÉQUENTENT LES ÉCOLES CHRÉTIENNES.

LILLE,

IMPRIMERIE ET LIBRAIRIE DE HOREMANS,

Rue du Faubourg-Notre-Dame, quartier de Wazemmes.

1859.

A B C D
E F G H
I J K L M N
O P Q R S T
U V X Y Z Æ
OE W.

† a b c d e
f g h i j k l
m n o p q r
s t u v x y z
æ œ ff fi ffi fl
ffl w.

Ba be bi bo bu
Ca ce ci co cu
Da de di do du
Fa fe fi fo fu
Ga ge gi go gu
La le li lo lu
Ma me mi mo mu
Na ne ni no nu
Pa pe pi po pu
Qua que qui quo quu

Ra re ri ro ru
Sa se si so su
Ta te ti to tu
Va ve vi vo vu
Xa xe xi xo xu
Za ze zi zo zu

---

an, on, un, ou,
et, au, s'y, est,
lui, pas, loi, jeu,

air, mur, nous,
mais, vous, fils,
point, temps,
dans, jours, dix,
corps, main,
dent, pied, le,
pont, tour, la,
long, haut, les,
banc, bois, du,
cent, deux, ci,

â-me, pè-re, an-ge, tê-te, heu-re, pa-ge, en-fer, es-prit, com-me, beau-coup, em-ploi, pre-mier, clas-se, li-vre, ta-ble, se-cond, pren-dre, a-mi, ci-el, tré-sor,

sain-te, mê-me,
vil-le, ap-pel,
se-cours, gla-ce,
fau-te, dé-faut,
ver-tu, fi-xer,
Mes-se, si-gnal,
gout-te, e-xil,
lar-me, ar-bre,
ha-ïr, dé-cret,
stal-le, ai-mer,

Pa-ra-dis, é-co-le, A-pô-tre, é-toi-le, E-gli-se, dis-ci-ple, o-rai-son, doc-tri-ne, pa-ro-le, pen-si-on, nou-vel-le, vil-la-ge, fa-mil-le, Sain-te Vier-ge.

Au nom du Père, du Fils et du Saint-Esprit. Ainsi soit-il.

L'Oraison Dominicale.

No-tre Pè-re, qui ê-tes aux cieux, que vo-tre nom soit sanc-ti-fié, que vo-tre rè-gne ar-ri-ve, que vo-tre vo-lon-té soit fai-te en la ter-re com-me au ciel ; don-nez-nous au-jour-d'hui no-tre pain quo-ti-di-en, et nous par-don-nez nos of-fen-ses, com-me nous par-don-nons à ceux qui nous ont of-fen-sés ; et ne nous lais-sez pas suc-com-ber à la ten-ta-ti-on, mais dé-li-vrez-nous du mal. Ain-si soit-il.

La Salutation Angélique.

Je vous sa-lue, Ma-rie, plei-ne de grâ-ce, le Sei-gneur est a-vec vous; vous ê-tes bé-nie en-tre tou-tes les fem-mes, et Jé-sus, le fruit de vos en-trail-les, est bé-ni. Sain-te Ma-rie, Mè-re de Dieu, pri-ez pour nous, pau-vres pé-cheurs, main-te-nant et à l'heu-re de no-tre mort. Ain-si soit-il.

Le Symbole des Apôtres.

Je crois en Dieu, le Pè-re tout - puis - sant, cré-a-teur du ciel et de la ter-re, et en Jé-sus-

Christ, son Fils u-ni-que, No-tre-Sei-gneur, qui a é-té con-çu du Saint-Es-prit, est né de la Vier-ge Ma-rie, a souf-fert sous Pon-ce Pi-la-te, a é-té cru-ci-fié, est mort, et a é-té en-se-ve-li ; qui est des-cen-du aux en-fers, et le troi-siè-me jour est res-sus-ci-té des morts, est mon-té aux cieux, est as-sis à la droi-te de

ieu le Pè-re
out - puis - sant ,
'où il vien-dra
u-ger les vi-vants
et les morts. Je
rois au Saint-
s-prit, la Sain-
e E-gli-se ca-
ho-li-que, la
om - mu - ni - on

des Saints, la ré-mis-si-on des pé-chés, la ré-sur-rec-ti-on de la chair, la vie é-ter-nel-le.

Ain-si soit-il.

La Confession des Péchés.

Je con-fes-se à Dieu tout-puis-sant, à la bien-heu-reu-se Ma-rie tou-jours vier-ge, à saint Mi-chel Ar-chan-ge, à saint Jean Bap-tis-te, aux A-pô-tres saint Pier-re et saint Paul, à tous les Saints, et à vous, mon Pè-re, que j'ai beau-coup pé-ché, par pen-sées, par pa-ro-les, par ac-ti-ons et par o-mis-si-ons : c'est ma fau-te, c'est ma fau-te, c'est ma très - gran - de fau - te. C'est pour-quoi je sup-plie la bien-heu-reu-se Ma-rie, tou-jours vier-ge, saint Mi-chel Ar-chan-ge, saint Jean-Bap -

tis-te, les A-pô-tres saint Pier-re et saint Paul, tous les Saints, et vous, mon Pè-re, de pri-er pour moi le Sei-gneur no-tre Dieu.

Que le Dieu

tout - puis - sant nous fas-se mi-sé-ri-cor-de, qu'il nous par-don-ne nos pé-chés et nous con-dui-se à la vie é-ter-nel-le. Ain-si soit-il.

Que le Sei-gneur tout-puis-sant et mi-sé-ri-cor-di-eux nous ac-cor-de l'in-dul-gen-ce, l'ab-so-lu-ti-on et la ré-mis-si-on de nos pé-chés.

Ain-si soit-il,

ACTES DES VERTUS THÉOLOGALES.

Acte de Foi.

Mon Dieu, je crois fer-me-ment tout ce que la sain-te E-gli-se ca-tho-li-que, a-pos-to-li-que et ro-mai-ne m'or-don-

ne de croi-re, par-ce que c'est vous, ô Vé-ri-té in-fail-li-ble ! qui le lui a-vez ré-vé-lé.

Acte d'Espérance.

Mon Dieu, j'es-pè-re, a-vec u-ne fer-me con-fi-an-ce, que

vous me don-ne-rez, par les mé-ri-tes de Jé-sus-Christ, vo-tre grâ-ce en ce mon-de, et, si j'ob-ser-ve vos Com-man-de-ments, vo-tre gloi-re en l'autre, par-ce que vous me l'a-vez pro-mis, et que vous ê-tes sou-ve-rai-ne-ment fi-dè-le dans vos pro-mes-ses.

Acte de Charité.

Mon Dieu, je vous ai-me de

tout mon cœur, de tout mon esprit, de tou-te mon â-me et de tou-tes mes for-ces, par-des-sus tou-tes cho-ses, par-ce que vous ê-tes in-fi-ni-ment bon et in-fi-ni-ment ai-ma-ble; et j'ai-me mon pro-chain com-me moi - mê - me pour l'a-mour de vous.

Acte de Contrition.

Mon Dieu, j'ai un ex-trê-me regret de vous a-voir of-fen-sé, par-ce que vous ê-tes in-fi-ni-ment bon, in-fi-ni-ment ai-ma-ble, et que le pé-ché vous dé-plaît : par-don - nez - moi par les mé-ri-tes de Jé-sus-Christ ; je me pro-po-se, mo-yen-nant vo-tre sain-te grâ-ce, de ne plus vous of-fen-ser et de fai-re pé-ni-ten-ce.

www.ingramcontent.com/pod-product-compliance
Lightning Source LLC
Chambersburg PA
CBHW060712050426
42451CB00010B/1406